Hetkiä

Juha Mäntylä
Sissi Ramstedt

Hetkiä

Kansi: Tiina Lehtineva

Kustantaja: BoD – Books on Demand, Helsinki, Suomi

Valmistaja: BoD – Books on Demand, Norderstedt, Saksa

ISBN: 978-952-33-0593-9

1

Olen kellunut
keveänä irti tästä maailmasta
kellunut pilvien alla.
Tuntenut liikkeen ja levon
lihakset pehmeän veden päällä.
Olen kellunut maailman surut
huuhdellut itkut ja kivut.

Olen kellunut itseni eloon
kellunut elämäniloon
Iloa naurua elämän.

Sissi Ramstedt

2

Olen ojentanut sinulle kädet
joihin voit tarttua kun putoat.
Olen pyytänyt painamaan pään
olkapäätäni vasten
kun olet mieleltäsi suruinen.

Huuliani voit koskettaa
suudella ja rakastaa.
Kätesi voi vaeltaa vartalollani
antaa niiden kertoa tunteesi.

Juha Mäntylä

3

Hiljainen tuuli
kulkee ohitse
liikkumaton vesi näyttää salaisuutensa
kertaa rannan kasvit
taivaan tähdet.

Rauhaton odottaa
tyhjyys tuntuu liialta
olisi lintu kivellä
piirtyisi verkkokalvolle
aivan äänetöntä.

Pelkääjän ilta
varjoissa päällekarkaajat
uhkakuvat nostavat ihokarvat
aamu kun tulisi
äänet ja tuuli
palaisi turvallisempi.

Sissi Ramstedt

4

Minulla olisi paljon kerrottavaa
paljon asioita, joista sanoa.
Kuuntelisiko kukaan
olisiko joku kiinnostunut?

Minulla olisi paljon kuunneltavaa
jaksaisinko keskittyä, olla vain hiljaa.

Puhuisiko joku minulle
jos vain sulkisin silmäni
ja aistisin.

Juha Mäntylä

5

Eilen kadotettu
ei löytynyt vielä
vaikka mylläsin
maailman metsät.

Olen puolitiessä takaisin
tien vasenta puolta
ohitan harmaat talot
kostuneet heinät
mustat pellot.

Kauniina päivänä
kulkisin oikealla puolella.

Sissi Ramstedt

6

Olen joskus miettinyt
miksi olen täällä.

Olenko vain elämässä
vai olenko kokemassa
jotain.

En saa vastausta
en saa kosketusta
en saa elämältä sitä
en sitä mitä haen.

Mitä minä haen?

Juha Mäntylä

7

Harmaana
kolkkona päivänä
väri leikki
maisemassa kutkutellen
olin haltioitunut
kaikki kirkkaus
harmaus tipotiessään
tanssahtelin laineiden laulussa
- miten ihana kokemus

Sissi Ramstedt

8

Meren rannalla
saatoin kuunnella lokkeja
niiden laulua
tiesin olevani kotona.

Rannan kivellä
näin sinut
näin hymysi
olin varmasti perillä.

Juha Mäntylä

9

Luulen
tämä oli tässä
kuljen kylppärin kautta
sutasen kasvot puhtaaksi
pesen hampaat
ja muut paikat
kuivaan huolella
läppään kookosöljyt
poskiin ja käsiin

Kuljen kulmikkaat portaat
yöpuvussa tietenkin
hurautan peiton alle
asettelen tyynyn hyvin
niska saa levätä

Ajattelen kauniita
löydän unen siivet
katselen sinisiä maisemia
kohtaan tärkeän ajatuksen
tunnen keveyden

Kuorsaan seinät paikoiltaan
olen aamulla virkeä
onnellinen
täynnä tarmoa
ja uteliasta odotusta

Aloitan hyvän huomisen
jo tänään.

Sissi Ramstedt

10

Tunsin tunteita
oli kadotettuja
hukattuja
oli piilotettuja
saavuttamattomia.

Tunsinko niitä oikeasti?

Juha Mäntylä

11

Linnunlaulun aikaan herätetty
keho yrittää jäsentää yläpäätään
jalat kuljettavat ajatuksenpoikasia
kuin joki kuljettaisi kuivaa lehteä.

Pyörteen kohdalla on pakko havahtua
katsottava kohti kiinteään pistettä
selvitä olemisen pinnoille
huudahtaa hämmästyksestä.

Lintu pitää laulussa taukoa.

Sissi Ramstedt

12

Herään yöllä

katsoen sinua
kosketan hiuksiasi
suudellen huuliasi.

Valvon
ja katson sinua
katson sinun nukkuvia silmiäsi
katson huuliasi
punaisia poskia
rakastan vartaloasi.

Kosketan
hymähdät
ihan hiljaa.

Vasta aamulla suljen silmäni
kun sinä heräät.

Juha Mäntylä

13

Herätyskello kierrätykseen
aamut on peruttu
pimeyden valta todistettu
valo ajettu pilvien taakse.

Nukkumatti on suudellut tulisesti
saatellut unimaahan
sieltä palaan kuukausien kuluttua
kun linnut taas laulavat
ruohonkorsi nostaa päätään
varpaat lakkaavat palelemasta
kun kirkkaus koittaa.

Möyhennä tyynyni välillä
peittele minut joskus paremmin
soita musiikkia hiljaa.

Sissi Ramstedt

14

Kirosin keväisen takatalven,
sen tappaman kasvun
juuri pesty auto
on taas likainen.

Kesärenkaat
pitääkö nekin vaihtaa
taas nastoihin.

Linnunlaulut ovat vaienneet
joutsenetkin varmaan pakanneet
ja lentäneet lämpimään takaisin.

Silti jostain kaukaa
kuulen auringon soittavan
tulen kyllä takaisin.

Juha Mäntylä

15

Kirkkaus herätti
läpi silmäluomien
uuteen päivään
katsomaan maailmaa

Hehkuvia värejä
syksynsinistä taivasta
kuuntelemaan
pihatien rahisevaa hiekkaa
jalkojen alla
hengittämään raikkautta
yön jäljiltä kosteaa
Iloisia aamut.

Sissi Ramstedt

16

Maalaan keltaisella hymyn
maalaan punaisella kiharat hiukset sen.

Maalaan sinisellä taivaan harmaan
maalaan valkoisella pilvet varmaan.

Kastan pensselin vihreään
maalaan ruohot, kasvit ja puut.

Kastan pensselin ruskeaan
maalaan varret, maan ja juuret elämän.

Koko elämäni kun maalaan
saan maailmasta paremman.

Saan katsoa työtäni ikuisuuden
saan katsoa maalausta sydämen.

Juha Mäntylä

17

Pois on päästävä
mentävä
lähdettävä
vaikka ei karkuun pääsisi.

Itseä rakastettava itkuun asti
suruun katsomatta
kuitenkin kokea kaikki murskatuksi tuleminen.

Pelastettava ja hyväksyttävä
löydettävä oma itunsa
ravittava sitä ja kasvatettava.

Valonkajo on kaikkialla
kulkea silmät ja korvat auki
uskottava tuoreisiin aisteihin.

Minusta tulee voittaja.

Sissi Ramstedt

18

Monikohan uskoisi jos kertoisin
että olen löytänyt onnen?

Monikohan epäilisi minua jos kertoisin
olleeni joskus avaruudessa?

Uskoisikohan joku jos vain sanoisin
kaiken olevan totta?

Oletko sinä koskaan miettinyt
millainen on pyöreä
neliö
kolmio
kartio?

Oletko sinä joskus kirjoittanut
sanan rakkaus väärin, kuten
rakaus
rakkauus
raukkuus.

Monikohan uskoisi
onneeni
käyntiini avaruudessa
väärinkirjoitukseeni
rakkauteeni?

Juha Mäntylä

19

Jos pitäisi lentää
näillä heikoilla siivillä
nousta kohti huikaisevaa kirkkautta.

Jos saisi kiivetä
huojuvilla jaloilla sinne
missä maailman rajat näkyvät.

Jos olisi voima
puhaltaa tuulen lailla
pois syvien huokausten sarjat.

Jos vaihtaisi
mielensä tummat kirkkaisiin,
antaisi vaan mennä pelottomasti.

Jos tämän osaisi
löytäisi uuden kuluttamattoman
hakisi maailmoistaan piilottelevat.

Olisi vain onnellinen ja iloinen
höyhenen keveys askeleissa.
Hengittäisi hapekasta riemua
elävä tässä hetkessä nyt ja aina.

Sissi Ramstedt

20

Viime vuonna ymmärsin
kuinka paljon
voi kuolema muuttaa
kaikkea.

Viime vuonna tajusin
kuinka yksin
voi ihminen jäädä
ilman toista.

Viime vuonna sain
kokea kaiken
koin hetkessä menettäneeni
elämän.

Juha Mäntylä

21

Herätysjuhla on alkanut
käsikirjoitus
paperi ryppyinen
silmiä siristämällä saa selvää

Silmälasien sankoihin
voisi keksijä Pelle kehitellä
vihellyksen vastaajan
olisi etsiminen helpompaa.

Kaikkein tärkeintä kuitenkin
kahviautomaatti
joka täyttää mukin nappia painamatta
huolehtii herääjästä hiljaa.

Hitaasti mutta varmasti
esirippu aukeaa
on oltava kuitenkin varovainen
pidettävä huoli hiljaisuudesta.

Sissi Ramstedt

22

"Aamulla varhain, kun aurinko nousi"
laulettiin.

Ei noussut, ei.

"Vielä on kesää jäljellä"
laulettiin sekin.

Ja kun katson ikkunasta ulos
on toukokuun alku
ei tunnu kesää tulevan.

Voisin kaivaa kaapista pakkaskengät
laittaa joululaulut soimaan ja kysyä:
"Koska meillä on joulu?"
tai
"Kun maas on hanget."

Ne on hetken lauluja.

Juha Mäntylä

23

Vettä sataa
räystäät lorisee
lumet sulaa vauhdilla
pihatien jäät lähes pois.

Haukottaa niin.

Nukuin syvissä unissa
tapaamassa heitä
joiden muisto on vahva.

Ihana unien maa
vailla turhia aitoja
siellä koskettaminen
sinisillä poluilla on mahdollista.

Sydän monilla
tunteilla ladattu
sormet sormien lomassa
olkapää kaikilla läsnä.
Linnut laulavat kevättä
yhtä kirkkain soinnuin.

Sissi Ramstedt

24

Pidin siitä tunnelmasta
oli pimeää
puheensorinaa
vieraita kieliä
meillä kaikilla kuitenkin jotain yhteistä.

Siinä he olivat
vieretysten:
Glenn Miller
Miles Davis
Charlie Parker
Louis Armstrong
ja
Chet Baker.

Heräsin
aurinko paistoi
ei ollut hämärää
mutta he kaikki
pyörivät soittimessani.

Juha Mäntylä

25

Tiedän
nyt olen
enemmän kuin eilen
lähempänä kuin eilen
enemmän hereillä
enemmän tässä
enemmän kokonaan.

Olen
tiedän sen.

Sissi Ramstedt

26

Kun suljen silmäni
näen välähdyksen
eilisestä.

Yritän turhaan saada unta
jokin häiritsee minua.

Olen katsonut sängyn alta
kurkkinut kaappiin
ne ovat tyhjiä.

Eilinen on painajaiseni.

Vaikka lausun pimeyden estot
toivon valon tulevan
näen vain punaista
kaikkialla
painajaiseni.

Juha Mäntylä

27

Tunnelmia ja tunteita
äärilaitoja
vähemmän neutraaleja.

Enimmäkseen syviä vesiä
tummia virtoja
auringon kirkkaassa valossa.

Päivien kirjo muuttuu
varjot kasaantuvat tunteihin
alimmaiset haihtuneita.

Epävarmuus ja toivo
aika kulkee kompastellen
varmuus on vielä matkalla.

Helppoja ratkaisuja ei ole
eikä keveitä tunnelmia.

Iltapäivällä sinivuokko nosteli lehtiään.

Sissi Ramstedt

28

Minut ympäröi suuri hiljaisuus
suuret ajatukset
suuret mietteet.

Kunpa voisin joskus hallita niitä
antaa niiden toteutua
antaa niille omaa aikaa.

Hiljaisuuteni täyttää rakkaus
puuduttava
uuvuttava
taakka.

Voisinko joskus kaataa vain kaiken pois
ehkä mereen
järveen
jokeen
lätäkköön
ehkä sadepisaraan
tai sitten omiin tuhansiin kyyneliin.

Juha Mäntylä

Pitkä tie
jyrkät nousut
monta kaatumista
ponnistamista
rotkon reunalla roikkumista.

Kun aurinko taas valaisee
loivenevat mäet.

Sissi Ramstedt

30

Valossa tai varjossa
voin istua hiljaa.

Voin istua pienessä kippurassa
sulkea silmäni
ja hyräillä laulua.

Valossa tai varjossa
kesän auringossa tai sateessa.

Voin seistä puun ala
kuunnella linnun laulua
ja lentää niiden mukana.

Valossa tai varjossa
vaatteet päällä tai alasti.

Voin kulkea omassa talossa
tuntea vapauden ja naurahtaa
katsella naapureiden ilmeitä.

Juha Mäntylä

31

Punaiset linnut
miten teidät halusin?

Nyt iloitsen
en tyytynyt harmaisiin
vaikka rakastan niiden laulua
ja onnellista menoa
pimeissä kuusikoissa.

Punaiset linnut
valon linnut
laulavat vähemmän.

Sissi Ramstedt

32

Se oli sullottu lasiseen pulloon
sen toi luokseni pieni meren aalto
pitkällä tikulla sitä yritin luokseni kurottaa
ja kun vihdoin onnistuin
en saanut korkkia auki.

Juha Mäntylä

33

Voi, pimeys ottaa vallan!

Mihin kadonnut valo
mihin kuivat kivet.

Ei lunta ei jäätä.

Krookukset ja helmihyasintit
painukaa maan alle
ettei käy huonosti kukkaselle.

Ne puskee nuppua.

Narsissin lehti
jo pintaan ehti,
samoin kävi tulppaanille
tulee luja jää
tekee pahaa kukkiville.

Tule valo takaisin
portaat sulle lakaisin
otin risut pois tieltä
ne korista ei portin pieltä.

Tule valo takaisin
ei täällä jaksa olla,
tuo taivaalle se polla
joka antaa voimaa.

En sua toki soimaa
toivon vaan
ett ois maailmat paikoillaan.

Sissi Ramstedt

34

Voinko kesän jälkeen
muuta enää odottaa
kuin syksyn sateita
ja sitten
talven lumia.

Voinko kesän jälkeen
enää rakastaa
kuin syksyn tuulia
rankkasateita
ja sinua.

Voinko kesän jälkeen
enää kirjoittaa
kuin pienen runon
muutaman rivin rakkautta
sinulle.

Juha Mäntylä

35

Kun lentää matalalla
ei kopsahda korkealta.

Kun ei ajattele ääneen
ei sano turhia sanoja.

Kun ilma ympärillä ei riitä
on lähdettävä pois.

Kun aurinko ei näy
on pimeää.

Kun on heikko ja taipuu
kun on liian lyhyt askel
kun kädet ei jaksa
kun ei yletä kurkottamallakaan.

Mitä siitä.

Sissi Ramstedt

36

Juoksisin pakoon
jos jaksaisin.

Huutaisin pimeyteen
jos ääneni kantaisi.

Itkisin maailman kyyneliin
jos pystyisin.

Halaisin epäoikeudenmukaisuuden pois
jos voisin.

Sytyttäisin kynttilän luomaan valoa
jos olisin valmis.

Tänään jään vain paikoilleni
käperryn sohvalle
vedän viltin päälle
ja keinutan itseni uneen.

Juha Mäntylä

37

Pitää mennä nukkumaan
saan tulla saman peiton alle.

Kaksi unta yhdessä yössä
ne katsotaan
aamulla kerrotaan.

Otan sua kädestä kiinni
silitän hiljaa sun olkapäitä
kuuntelen kun sä vedät jo unta.

Nyt jos en lähde
katoo untenvaltakunta
ja mistä katsotusta sitten niin
voisit aamulla nauraa itses kyyneliin.

Sissi Ramstedt

38

Yksinäinen,
sininen poika
kaipaisi vierelleen ystävän.

Ei,
ei hänen tarvitse olla sininen
ei vihreä
ei punainen.

Riitää kun hän olisi ystävä
värikäs ystävä.

Ei mikään mustavalkoinen
läpinäkyvä
vaan luotettava
todellinen ystävä.

Juha Mäntylä

39

Illalla putoan pimeään
syvään yön helmaan.

Kuvien virta ei pääty
tai rauhoitu
kuljen etsien tutuilla pihoilla
tuntemattomilla mailla selviydyn.

Kävelen kedoilla ja metsissä
koluan rannat ja kivet kaatumatta.

Tuuli huiskii kasvoilla,liimaa hiukset otsaan
pakkaslumen se pöllyttää poskipäihin.

Kuunvalossa pimeän timantit
miljoonat tähdet silmissäni ja
veden laulu,kun pyörre kohtaa jään
sävelet varoittavina pimeässä.

Aamulla kauniista unesta levänneenä elämä edessä.

Sissi Ramstedt

40

Ajattelin
että jos sinä voisit joskus olla
edes pienen hetken
sekunnin
tai minuutin
ehkä jopa tunnin
minun.

Et pelkästään ajatuksissani
vaan oikeasti
pitää kädestä kiinni
kuiskutella
koskettaa
puhua minulle
ja lopuksi
suudella.

Juha Mäntylä

41

Kun lyhyt yöuni
vääristää
maailman ja
ajattelun tilalle
astuu oleminen.

Jalkojen askeleet kuljettavat
pään tietämättä
voiman lähteelle
lähelle elämän elementtejä.

Aistien ympäristön
tuoksut
värit
veden virtaavan voiman
taivaan pilvet.

Olen hetkessä
sittenkin elävänä
vahvana.

Sissi Ramstedt

42

Tunsin veden
voiman
ajan hetken olemisen
tuntien viipyilevän
sen sekuntien nauravan.

Kuitenkin sinä istut siinä
pidät kiinni
ja hymyilet
levität kätesi ilmaan
ja naurat.

Annat veden virrata
voimakkaan ajan hallita
puristat tiukemmin
yhä hymyilet
lennät
ja olet poissa.

Juha Mäntylä